Kerstin Stefanie Rothenbächer

Komm in meine Welt

Dieses Buch widme ich

Hildegard und Heinz-Jürgen

Schön, dass es Euch gibt!

Copyright © 2019
Kerstin Stefanie Rothenbächer
Herstellung und Verlag:
BoD- Books on Demand, Norderstedt

Bibliografische Information der Deutschen Nationalbibliothek
Die Deutsche Nationalbibliothek verzeichnet diese Publikation in der Deutschen Nationalbibliografie; detaillierte bibliografische Daten sind im Internet über http://dnb.d-nb.de abrufbar.

ISBN 978-3-8482-2205-6

Eines Tages

Eines Tages,
wenn ich meine
Träume aufgegeben habe.

Eines Tages,
wenn alle meine Freunde
keine Freunde mehr sind.

Eines Tages,
wenn ich selbst nicht mehr
an mich glauben kann.

Eines Tages,
wenn niemand
mehr zu mir hält.

Dann endlich werde ich Dich treffen.

Du kommst

Schon am Morgen fing es an,
noch bevor ich aufgestanden,
klingelte das Telefon,
meine Träume mussten landen.

„Falsch verbunden" höre ich nur,
ich werde fast verrückt.
Und zur Küchenuhr
schweift jetzt mein Blick.

Schon neun, herrje!
Wie soll ich das schaffen?
Kaffee und Dusche
sind meine Waffen.

Endlich bin ich fertig,
jetzt kannst Du kommen.
Ich sehe in den Spiegel,
na ja, nicht vollkommen.

Die Uhrzeit stimmt,
die Bluse ist geborgen.
Ein Blick auf den Kalender.
So was – doch erst morgen!

Dein Bild in meinem Kopf

Deine Hand halten,
das wollte ich.
So hoch ist der Berg zu Dir.

Deine Wünsche erfüllen,
die Sonne sehen.
Wie ich nun in der Kälte erfrier.

In Deinen Augen lesen,
wäre es doch wahr.
Felsen verbergen die Tür.

In Glück ertrinken,
Du an meiner Seite.
Kein Weg führt weg von hier.

Auf Dich hoffen,
Dein Bild in meinem Kopf.
Ich sprenge die Ketten in mir.

Um Dich kämpfen,
ihn endlich verlassen.
Ich lebe nur dafür.

Ausgeträumt

Ich sehe uns verlieren,
lange waren wir zu zweit.
Der Alltag hat uns eingefangen,
für Liebe bleibt keine Zeit.

Alle Sterne sind verschwunden,
ihr Licht für uns verblasst.
Kein Blick mehr in meine Augen,
die Du damals leuchten sahst.

Kein Wort mehr für uns,
das nicht kalt und leer.
Ich suche Deine Hand,
gib sie wieder her.

Ausgeträumt und traurig -
ich sehe mich schon gehen.
Und ist es nicht ein Wunder?
Du kannst mich nicht verstehen.

Etwas

Etwas ist hier,
hält mich fest und warm.
Ist es auch unsichtbar,
weiß ich, woher es kam.

Etwas in der Luft,
das mich erwählt.
Seitdem gibt es
nichts, was fehlt.

Etwas um mich rum
stellt mich voran,
sieht mich allein
wie ein Wunder an.

Etwas in mir drin
zaubert mich schön,
lässt mich einfach
aus dem Dunkel gehen.

Und Du stehst vor mir,
siehst mir ins Gesicht,
immer und immer wieder:
ich liebe Dich.

Bei Dir

Bei Dir will ich sein,
dort fühl ich mich wohl.
Sehnt sich auch mein Herz,
in mir ist es hohl.

In Deine Augen schauen -
alles würde ich geben.
Die Zeit zurück drehen,
um mit Dir zu leben.

Auf Dich werde ich warten,
Tränen auf meinem Pfad.
Du in ihren Armen,
was für ein Glück sie hat.

Zu Dir will ich fliegen,
spüre die Kälte kaum.
Bricht mein Herz entzwei,
ist vorbei mein Traum.

Du

Du lachst,
heimlich seh ich Dich an.
Und ich merke,
wie fröhlich ich sein kann.

Du diskutierst
und fühlst nicht meinen Blick.
Und ich habe es
gefunden - mein Glück.

Du träumst,
ich lieg wach neben Dir.
Und ich spüre
Deine Wärme in mir.

Du läufst
und Deine Schritte zählen.
Und ich würde
die Zeit so gern stehlen.

Du küsst
und nun schau ich nicht.
Es ist so wunderbar:
Du fühlst genau wie ich.

Ich sehe Dich

Ich sehe Dich
mit mir durch den Regenbogen gehen.
Du lachst
und meine Zeit bleibt stehen.

Ich sehe Dich
den Berg bezwingen.
Du überzeugst
und mir will's nicht gelingen.

Ich sehe Dich,
Du fliegst zu den Sternen.
Du siegst
und ich muss es noch lernen.

Ich sehe Dich.
Du hältst das Glück in der Hand.
Du bist es,
bringst mich um den Verstand.

Ich sehe Dich.
Du stehst im Licht.
Du strahlst
und siehst mich nicht.

Versteckt und verborgen

Hinter Deiner Mauer,
wo es Dir gefällt,
versteckt und verborgen
vor der ganzen Welt.

So oft so traurig,
Dein Herz ist zerbrochen.
Keine Hoffnung
nach so vielen Wochen.

Doch in Deinen Augen
da ist diese Glut.
Weck ich Dein Feuer,
geht's Dir wieder gut.

Zeige mir Deine Farben,
leuchte nur für mich.
Ich gebe Dir meine Hand,
ich gehe nicht.

Sei mein

Und es wird kälter,
alles in mir ist taub.
Es scheint, unsere Zeit
verfällt nun zu Staub.

Und es wird dunkel,
sehe Dein Licht nicht mehr.
Alle unsere Nächte
sind auf einmal leer.

Und es wird traurig,
keine Träne nicht geweint.
Mein Herz hat immer
nur Dich gemeint.

Und es wird schlimm,
such ich doch nach Dir.
Sei wieder mein,
alles gebe ich dafür!

Wie Du mich verletzt

Wie Du mich verletzt,
jeder Pfeil trifft sein Ziel.
Nun fällt das Kartenhaus
und es bleibt nicht viel.

Wie Du mich ignorierst
ganz ohne Gefühl.
Wer war das nur,
dem ich verfiel?

Wie Du mich zerstörst,
Grenzen kennst Du nicht.
Zu viel zu ertragen
jedes Wort von Dir sticht.

Wie Du mich verlierst
so ganz und gar.
Ich drehe mich nicht um,
dann wird es wahr.

Mit Dir

Auf Dich kann ich zählen,
Du bist wirklich für mich da.
Ist meine Welt voller Schatten,
Du kriegst sie wieder klar.

Auf Dich kann ich bauen,
Du gehst durch dünn und dick.
Mit Dir den Mond anheulen,
nur Du kennst den Trick.

Auf Dich kann ich setzen,
Du bist mein Favorit.
Jede meiner Launen
Du machst sie mit.

Auf Dich will ich vertrauen,
Dich will ich für mich allein.
Lies es in meinem Herzen
und Du gelangst hinein.

Lebwohl

Du sagst Lebwohl
und es hallt in mir drin.
Ich halte den Blick fest.
Wo ist mein Traum hin?

Du sagst vorbei,
ich kann die Zeit nicht drehen.
Ich glaube an uns,
wohin willst Du gehen?

Du sagst, Du bist frei
und ich schaue zurück.
Ich werde zerfallen.
Wohin ist mein Glück?

Du sagst, wir sind fremd
und doch kenne ich Dich.
So ziehst Du weiter
und lässt mich im Stich.

Ich kenne die Welt

Ich kenne die Welt,
hab so viele Tränen gesehen.
Keine Liebe für mich,
sah sie kommen und gehen.

Hab den Himmel gesucht
ein halbes Leben lang.
Alles nur gewöhnlich
kein Trumpf, der kam.

Ich sah Feuer vergehen
und Sterne verglühen
und konnte doch keinen
Schluss daraus ziehen.

Hab die Leere gefühlt,
die Angst in mir drin.
Doch ich blieb auf dem Weg
und er führte mich hin.

Ich habe es gefunden,
ein Leuchten für mich,
wusste ich es doch:
Ja – es gibt Dich!

Stumm

Du ziehst mich runter,
raubst mir meinen Traum.
Tag für Tag
ich ertrag es kaum.

Du lässt mich fallen,
schubst mich herum.
Meine Traurigkeit
macht mich so stumm.

Du brichst mein Vertrauen,
hältst kein Versprechen ein.
Warum kannst Du
nicht wie früher sein?

Du nimmst mir alles,
für uns gibt es kein Glück.
Dreh Dich endlich um,
komm nicht zurück.

Die Welt

Ein Blumenmeer,
in dem wir liegen.
Noch können wir
die Zeit besiegen.

Das Feuer brennt
für Dich und mich.
Wir halten uns,
bis es erlischt.

Wir wissen es nicht,
was wird morgen sein.
Der helle Tag zeigt uns,
wir sind allein.

Und wenn die Zeit
auch ihren Schwur nicht hält.
Ist es nur eine Nacht,
für uns ist es die Welt.

Schattenburg

Durch meine Träume
kämpfe ich mich.
Halte die Freude fest,
damit sie nicht zerbricht.

In meine Schattenburg
traut niemand sich hinein.
So dreht sich meine Welt
und ich bin ganz allein.

Und jede Nacht vergeht
und bringt den neuen Tag.
Verstecke mein Gefühl,
die Sehnsucht ist stark.

Ich sehe all das Glück,
erkenne die Euphorie.
Doch ich kenne es nicht,
erlebe es nie.

Wo bleibt mein Stern?
Die Stunde, die zählt.
Eine einzige Nacht,
bevor alles zerfällt.

Dich will ich haben

Ich fliege hoch,
Blitze erreichen mich nicht.
Lass mich treiben
und lebe im Licht.

Tausend Sterne
an meinem Wegesrand
und doch hab ich nie
ein Leuchten erkannt.

Ich atme tief ein,
fühle den Augenblick.
Du siehst es in mir,
das ist das Glück.

Tausend Augen
in den Nächten zuvor.
Keine, in denen
ich mich so verlor.

Ich explodiere,
mein Himmel hat alle Farben.
Ich fange Dich ein,
nur Dich will ich haben.

Jede Deiner Lügen

Jede Deiner Lügen
brennt tief in mir drin.
Doch ohne die Worte
finde ich keinen Sinn.

Du hast mich gefangen,
mich trifft jeder Stich.
Dein Gesicht im Kopf,
die Ketten breche ich nicht.

Jeder Deiner Schwüre
zerrinnt wie feiner Sand.
Doch ich halte sie fest,
bin ich auch verbrannt.

Du lässt mich am Boden,
doch gehen willst Du nicht.
Deine Arme um meine
simulieren mir Licht.

Jeder Deiner Blicke
lässt mich tiefer sinken.
Ich weiß es,
ich werde darin ertrinken.

Du sollst wissen

Du sollst wissen,
wie sehr ich Dich mag.
Durch Dich ist schön mein Tag.

Du sollst fliegen,
möchte Dich auf Händen tragen.
Dir nur liebe Worte sagen.

Du sollst wünschen,
ich werde sie schon erfüllen.
All Deine Geheimnisse enthüllen.

Du sollst lächeln,
sollst baden im Glück.
Ich gebe Dir meines zurück.

Du sollst fühlen,
was ich fühle für Dich.
Du bist mein Sonnenlicht.

Mein Glück

Oben ist unten.
Alle Worte sind stumm.
Die Tür fällt ins Schloss
und ich drehe mich um.

Träume aus Luft
werden wieder zu Rauch.
Du bist gegangen
und meine Wahrheit auch.

Die Zeit steht still.
Ich mache die Augen zu.
Alles, was ich wollte,
warst allein Du.

Mein Himmel fällt.
Es gibt kein Zurück.
Die Finsternis kommt
- es geht mein Glück.

Bis ich Dich habe

Bis ich Dich sehe,
Deine Hand in meiner spüre,
die Dunkelheit vertreibe,
mich in Dir verliere.

Bis ich Dich halte,
die große Welt verbanne,
in Deinen Armen
zu wahrem Glück gelange.

Bis ich Dich fühle
so wunderbar für mich,
ganz in Dir versinke
und in Deinem Licht.

Bis ich Dich habe,
wird es mir so schwer.
So grausam ist Warten:
Ich geb Dich nicht her.

Nur für Dich

Mein Haus ist ein Schloss,
ein wahres Märchenland.
Doch ich komm nicht rein,
denn ich bin verbannt.

Meine Gestalt ist anmutig.
Ich wäre eine Fee.
Doch schau ich in den Spiegel,
sehe ich nur Schnee.

Mein Wesen ist treu,
so gut will ich sein.
Doch es ist verborgen.
Ich lass niemanden rein.

Mein Herz ist voll Liebe.
Wie sehn ich mich nach Dir.
Wenn ich mich endlich traue,
stehst Du vor der Tür.

Stunde um Stunde

Stunde um Stunde
sie wollen nicht vergehen.
Ich warte hier auf Dich,
doch Du lässt mich stehen.

Träne nach Träne
und ich kann nicht glauben,
Du weißt, was Du tust.
Ich schließ nur die Augen.

Schritt für Schritt
gehst Du aus meinem Leben.
Und ich träume immer noch,
es wird uns immer geben.

Herzschlag zu Herzschlag
ich will Dich nicht lieben.
Könnte ich doch nur aufhören,
Dich doch nur besiegen.

Wenn Sterne fallen

Eine Hülle aus Eis
stets um mich herum.
Die Augen voll Tränen
machten mich stumm.

Eine Welt im Kopf,
in die ich mich vergrab.
Meine Träume nur -
alles was ich hab.

Ein glitzernder Stern
ich erreiche ihn nicht.
Halte die Erinnerung,
dass sie nicht erlischt.

Ein tosender Sturm
mein Herz ist dahin.
Wenn Sterne fallen
und ich bei Dir bin.

Es gibt keine Träume

Es gibt keine Träume
nicht einen Funken Fantasie.
Doch ich fühle ein Knistern
so deutlich wie nie.

Es gibt keine Wahrheit,
so kalt ist meine Welt.
Nur in meinem Herzen
erkenne ich den Held.

Es gibt keine Spur,
ich weiß nicht wohin.
Wo ist nur die Hand,
die meine umfing?

Es gibt keine Wahl,
ich geh nicht zurück.
Die Schatten verschwinden,
nach vorn geht mein Blick.

Es gibt keine Sonne,
alles ist dunkel in mir.
Da ist nur dieses Feuer
und es führt mich zu Dir.

Das Ziel

Ein Sturm in meinem Herzen
und ich kann nicht verstehen:
Was hab' ich nur getan?
Ich ließ Dich einfach gehen.

Ein Stich, der mich traf,
und so warf es mich um.
Es tut immer noch weh,
doch Du bleibst nur stumm.

Ein falsches Versprechen
und es ist nur Illusion.
Dein Blick hält mich fest,
ich komme nicht davon.

Ein Geist, der mich findet,
jede Nacht, jeden Tag.
Und so schwindet mein Stolz,
ich bin nicht länger stark.

Einen Krieg verlieren
und doch gewinne ich das Spiel.
Du bist mein Ass,
und wir sind das Ziel.

Sein Lachen

Seine Augen bringen
mich zum Träumen.
Ich will nicht einen
Blick versäumen.

Seine Worte zeigen
den Mann in ihm drin.
Edel und aufrecht,
mein Herz ist dahin.

Seine Hände in meinen,
ich fühl mich beschützt.
Mag kommen, was will,
ob Donner, ob Blitz.

Sein Lachen scheint
in meine Seele hinein.
Mehr brauch ich nicht
zum Glücklichsein.

Meine Augen

Aus Deinen Augen
erkenne ich Sehnsucht.
Sehnsucht nach wem?

In Deinen Augen
liegt eine Liebe.
Liebe für wen?

Deine Augen
versprechen Treue.
Treue zu wem?

Du erklärst mir,
meine Augen wären der Himmel.
Du fragst:
Für wen?

Mein Herz

Wenn Du es besitzt,
wirst Du glücklich sein.
Wenn Du es besitzt,
hast Du es allein.

Wenn Du es verlierst,
musst Du wirklich gehen.
Wenn Du es verlierst,
wirst Du nie verstehen.

Wenn Du es behältst
und mir Deines gibst,
werde ich erst sehen,
dass Du mich auch liebst.

Alles Liebe für Dich

Alle meine Hoffnung auf Dich,
erklärt es ohne Scheu:
Du passt gut auf auf mich,
bleibst mir immer treu.

Alle meine Träume von Dir,
versprechen es ganz fest:
Du trocknest die Tränen von mir,
wenn mich alles verlässt.

Alle meine Küsse für Dich,
hebe ich sicher auf.
Denn Du bist alles für mich,
verlasse Dich darauf.

Alle meine Liebe ist Dein,
glaube nur daran.
Ich folge Dir allein
einmal irgendwann.

Die Sonne

Eines Morgens weckte mich die Sonne.
Sie strahlte mir ins Gesicht.
Sie war so hell und warm,
missen wollte ich sie nicht.

Sie bestrahlte mein Leben
von diesem Augenblick an.
Und ich muss sagen,
dass nichts schöner sein kann.

Es war, als lebte ich
in einem anderen Land.
Sie umhüllte mich
und wärmte mir die Hand.

Obwohl sie rein war
und ehrlich dazu,
war sie auch heiß
und ohne jede Ruh.

Niemand kann sie ersetzen,
ich wünsche mich tot.
Denn es ist dunkel:
die Sonne ist fort!

Immer nur Du

Meine Freundin schwärmt,
er lässt ihr keine Ruh.
Sie zeigt ihn mir,
das bist nur Du.

Überall erzählt man mir,
es gäb einen für mich.
Als sie den Namen nennen,
benennen sie nur Dich.

In meinem Horoskop
sagt man mir fest zu:
meine wahre Liebe
wärst nur Du.

Ich gehe ins Kino,
um ihn zu sehen.
Natürlich musstest
Du hin gehen.

Du siehst mich an,
ich gebe zu,
so lieb bist
ja doch nur Du.

Jemand

Es gibt jemanden,
der Dich braucht,
aus Sehnsucht
eine nach der anderen raucht.

Es gibt jemanden,
der Dich sucht,
aus Verzweiflung
sein Zuhaus verflucht.

Es gibt jemanden,
der glücklich scheint,
in Wahrheit aber um Dich weint.

Es gibt jemanden,
der Dir Briefe schreibt,
nicht einen, der nicht in Gedanken
bleibt.

Es gibt jemanden,
der Dich liebt,
ich weiß genau, dass es ihn gibt.

Niemand ist wie Du

Niemand lacht wie Du,
keiner kann so lieb sein.
Niemand zwinkert mir zu,
so bist nur Du allein.

Niemand schenkt mir soviel,
keiner tut alles für mich.
Niemand weckt mein Gefühl,
so stark und so tief für Dich.

Niemand macht Deine Witze,
keiner kennt sich so aus.
Niemand mag meine Hitze,
kriegt meine Geheimnisse raus.

Niemand versteht so gut,
ist immer für mich da.
Niemand hat so viel Mut,
macht alle Träume wahr.

Niemand kann so gut lieben,
keiner hört so gut zu.
Niemand kann so was kriegen:
keiner ist so wie Du!

Hätte ich nur

Hätte ich Dir geglaubt,
mehr für Dich getan.
Hätte ich nur meine Zeit
allein mit Dir verplant.

Hätte ich Dir gezeigt,
wie gerne ich Dich hab.
Hätte ich nur gemerkt,
wie viel Dir an mir lag.

Hätte ich die Nacht
doch bei Dir verbracht.
Hätte ich nur niemals
über Dich gelacht.

Hätte ich nur die Wahl,
noch mal anzufangen.
Hätte ich nie gespielt,
wärst Du nie gegangen.

Stärker als Stolz

Du hast mich verletzt,
damit verließ ich Dich.
Ich wollte neu beginnen,
sah Deine Tränen nicht.

Die Erinnerung an Dich
völlig zu zerstören,
mit den Gedanken
an Dich aufzuhören.

Ich habe es nicht geschafft
trotz aller Scherben.
Ich weiß einfach nicht,
was soll nun werden?

Du hast mich verletzt,
mein Stolz hält mich hier.
Mein Gefühl ist nicht zu töten,
ich will zurück zu Dir.

In diesem Augenblick
triffst Du mich.
Was soll ich Dir sagen?
Ich liebe Dich.

Ich träume

Ich träume
von einer Verabredung mit Dir.
Ich träume,
doch was nützt es mir?

Ich träume
von Dir und mir allein.
Ich träume,
doch was wird sein?

Ich träume
von einem Kuss in der Nacht.
Ich träume,
doch ich bin aufgewacht.

Ich träume,
Du wärst verliebt in mich.
Ich träume,
doch Wahrheit wird es nicht.

Ich suche Dich

Ich suche Dich
schon so lange Zeit.
Es ist für mich
fast eine Ewigkeit.

Ich schickte Dich fort,
Du gingst zur Tür hinaus.
Doch jetzt erst merke ich,
ich komm nicht ohne Dich aus.

Vielleicht zu spät
für Dich und mich.
Komm doch zurück,
ich suche Dich.

Ich suche Dich schon
seit so vielen Stunden.
Und dann plötzlich
hast Du mich gefunden.

Atemlos

Froh, endlich bei Dir zu sein,
habe mich beeilt.
Viel zu viele Stunden
ohne Dich verweilt.

Verschwendete Zeit,
die Zeit ohne Dich.
Sehne mich nach Dir
viel zu viel für mich.

Rennen zu Dir
atemlos erwartungsvoll
- viel zu langsam,
als es doch soll.

Angelangt, stumm vor Glück,
sehe ich Dich viel zu lang an.
Wie ich es bloß
ohne Dich aushalten kann?

Glücklich?

Du musst so wenig tun,
um glücklich mich zu machen.
Es bedarf nicht viel,
schon bringst Du mich zum Lachen.

Eine winzige Geste von Dir
und meine Welt ist schön.
Ein Blick, ein Lächeln nur macht,
dass meine Sorgen vergehen.

Meine Wünsche sind klein,
doch Du erfüllst meine Träume.
Die Treue und Liebe von Dir
versetzt alle Berge und Bäume.

Das Glück, das Du mir schenkst,
vergoldet das Leben für mich.
Ich gäbe alles dafür,
wäre es auch genauso für Dich.

Ich hatte

Ich hatte Träume,
Träume von Dir.
Ich hatte Pläne
mit Dir und mir.

Ich hatte Glück,
wunderschöne Zeiten.
Ich hatte Liebe
und sah sie entgleiten.

Ich hatte Tage,
an denen wurden Wünsche wahr.
Ich hatte Nächte,
da warst nur Du da.

Ich hatte ein Feuer
in meinem Herzen.
Du entzündest
in mir alle Kerzen.

Ich hatte Wärme
und Geborgenheit.
Ich hatte all
unsere Gemeinsamkeit.

Ich hatte Dich,
doch das ist geschehen.
Ich hatte mein Leben,
doch Du wolltest gehen.

Du bist

Du bist meine Welt,
mein einziger Halt.
Du, der mir gefällt,
ich sehe Dich bald.

Du bist mein Leben,
mein einziger Sinn.
Du stehst daneben,
wenn ich hilflos bin.

Du bist mein Traum,
meine einzige Wahrheit.
Und ich dachte kaum,
er erfülle sich soweit.

Du bist mein Glück,
mein einziges Geschenk.
Du, denn nur ein Blick,
zeigt Dir, was ich denk.

Du bist ganz einfach Du,
meine einzige Liebe.
Du und ganz allein Du,
wenn ich Dich kriege.

Könnte ich nur

Könnte ich nur die Sterne greifen,
hätte ich auch Dich.
Denn so weit wie unsere Sterne,
so bist Du für mich.

Könnte ich die Flüsse halten,
hätte ich Deine Nähe.
Denn Du wirst mich niemals finden,
so, wie ich hier stehe.

Könnte ich die Welt verändern,
hätte ich Dein Gefühl.
Denn die Macht, Dich zu besitzen,
bedeutet mir so viel.

Könnte ich nur Dein Herz erobern,
wünsche ich mir so sehr,
würde ich ihm die Treue halten,
gäb es nicht mehr her.

Du bist nicht mehr da

Seit zwei Tagen
fühle ich mich allein.
Ich bin zu Hause
und doch nicht daheim.

Ich lese,
doch die Worte verstehe ich nicht.
Ich suche nach etwas,
doch was finde ich?

Ich bin durcheinander,
kann kaum etwas tun.
Das Kribbeln in mir
lässt mich nicht ruhen.

Ich wusste es nicht vorher,
doch jetzt tut es weh.
Seit Du weg bist,
weiß ich nicht, wo ich steh.

Ich sehne mich
jede Minute zu Dir.
Ich liebe Dich,
komm doch zurück zu mir.

Etwas an der Tür,
mein Ohr täuscht mich nicht.
Ich brauche Dich,
denn es geht nicht ohne Dich.

Einer von uns

Einer von uns
weint nun seine Tränen.
Einer von uns
muss sich nach Dir sehnen.

Ich wollte frei sein,
unabhängig bleiben.
So musste ich Dich
aus meinem Herz vertreiben.

Einen von uns
hält sein Stolz zurück.
Einer von uns
floh vor seinem Glück.

Ich bin geheilt,
doch was nützt es mir?
Ich bin stur
und wäre so gern bei Dir.

Einer von uns
wünscht sich Träume wahr.
Einer von uns -
Du bist wieder da!

Die Flut

Der Wind treibt
die Flut immer mehr hinaus.
Die Sonne versinkt
und es ist aus.

Die Sterne verlöschen,
die Dunkelheit gewinnt.
Das war mein Kampf,
der immer neu beginnt.

Das Hoch ist vorbei,
ein Tief kommt heran.
Ich hoffe nur,
ich zerbreche nicht daran.

Der Traum war schön,
doch die Realität:
ich liebe Dich.
Das ist zu spät!

So einfach

Ich spüre es,
es liegt in der Luft
und raubt mir
den letzten Verstand.

Ich kann es erfassen
und doch nicht begreifen.
Es legt sich um
meine Sicherheit.

Ich verliere den
Boden unter mir.
Ich falle und falle
so tief, so weit.

Ich wache auf
in einem neuen Leben.
Schöner, so viel schöner
und so verliebt.

Wünsche

Ich habe so gewünscht,
Dich wieder zu sehen.
Jetzt gehst Du vorbei
und ich bleib nicht mal stehen.

Du hieltst ihre Hand
so fest wie einst mein Herz.
Mich hast Du nicht erkannt,
sahst nicht meinen Schmerz.

Sie wolltest Du verlassen
und mich ließt Du gehen.
Meine Tränen sagen,
lass es mich doch verstehen.

Und so gehst Du vorüber
an mir und unserer Zeit.
Doch wenn Du gehen willst,
dann renne fern und weit.

Ich werde Dich vergessen,
ist es auch schrecklich für mich.
Wenn wir die Zukunft meiden,
stirbt meine Liebe für Dich.

Mein einziges Glück

Du bist mein Licht
in der Dunkelheit,
mein Sonnenschein
im kalten Regen.

Du leuchtender Stern
voller Zärtlichkeit.
Möchte mein Herz
in Deine Hand legen.

Du bist mein Traum
in Wirklichkeit,
mein Wunsch für
mein ganzes Leben.

Du meine Zuflucht
bei Tränen und Leid.
Möchte Dir meine
Liebe geben.

Du bist ein Engel
vom Himmel geschickt.
Dich gebe ich
nie mehr her.

Du meine Zukunft
mein einziges Glück.
Ohne Dich –
gibt es nicht mehr.

In meinen Augen

In Deinen Träumen
möchte ich sein.
Sie kennen und schätzen.

In meinem Herzen
bist Du allein.
Dich könnte ich nie verletzen.

In Deinen Augen
will ich sehen:
Du gehörst zu mir.

In meinem Kopf
will ich verstehen:
ich bleibe stets bei Dir.

In Deinen Armen
wunderschön
hältst Du mich warm und fest.

Aus meinen Träumen
wirst Du gehen,
wenn Du mich gehen lässt.

Ich werde es wissen

Ich werde es wissen,
wenn ich auf Dich zugehe.
Ich werde treu sein
und Dich nicht verraten.

Ich werde es wissen,
wenn ich in Deine Augen sehe.
Ich werde verzeihen
und mein Herz öffnen.

Ich werde es wissen,
wenn ich Dir beistehe.
Ich werde für Dich lügen
und Dir die Welt zu Füßen legen.

Ich werde es wissen,
wenn wir uns gegenüber stehen.
Ich werde mit und
gegen Dich kämpfen.

Ich werde es wissen,
was die Liebe ist.
Spätestens dann,
wenn Du mich verlässt.

Wenn Wünsche sich erfüllen

Wenn die Sonne scheint
tief in meinem Herz,
werde ich nicht mehr traurig sein.

Wenn das Glück
für mich beginnt,
sind wir nie wieder allein.

Wenn meine Träume
wirklich werden,
dann bist das nur Du.

Wenn mein Regenbogen
für mich tanzt,
hört meine Seele Dir zu.

Wenn ich mein
Licht sehen kann,
enden alle Grausamkeiten.

Wenn Du aus
dem Dunkel kommst,
bleib bei mir für alle Zeiten.

Regen

Ich gehe im Regen
und es ist kalt.
Um mich ist Leere,
ich treffe Dich bald.

Ich gehe zu Menschen
und doch bin ich allein.
Dein Bild in mir
lässt mich einsam sein.

Ich gehe und gehe,
da bin nur ich.
Denn meinen Weg,
den teilst Du nicht.

Du gehst mit ihr,
mit Deinem Schatz
und da ist
für mich kein Platz.

Ich teile Deinen Weg

Ich teile Deinen Weg,
teile Deine Sorgen.
Doch für uns zwei
gibt es kein Morgen.

Ich gebe Dir mein Leben,
gebe Dir, was ich hab.
Und doch irgendwann
kommt für uns der Tag.

Ich glaube an Dich,
glaube an Dein Wort.
Und bald – so bald
gehst Du wieder fort.

Ich liebe Deine Träume,
Deine Fantasie.
Sie ist mein Schrecken,
denn Du liebst sie.

Deine Liebe

Dein Gesicht in meinem Kopf
und Deine Augen
strahlen mich an.

Dein Lachen in meinen Ohren
und Deine Arme
halten mich warm.

Deine Küsse auf meinen Lippen
und alles dreht
sich nur um Dich.

Deine Liebe in meinem Herzen,
so wundervoll
bist Du für mich.

Suche nach Gefühl

Ein Stern, der vom Himmel fällt.
Ein Blick, der die Wolken zerschellt.

Ein Regenbogen im Winter.
Ein Mond glitzernd dahinter.

Ein Gefühl, ein Mensch allein.
Was nur kann das sein?

Eine Träne, die fließt.
Eine Knospe, die sprießt.

Ein Sonnenuntergang am Meer.
Ein Herz, das ist so leer.

Ein Blick in sein Gesicht:
Freundschaft ist das nicht.

Lass Liebe Deine Welt regieren.
Liebesgedichte.

Gedichte sind Zeilen mit
verstecktem Sinn.
Kannst Du sie entziffern,
weißt Du, wie ich bin.
Hol mir die Sterne vom Himmel und
träume mit mir in meiner Welt,
in der die Liebe regiert.

Aktuelle Gedichte und Infos findet Ihr unter

https://traumvondir.hpage.com

Alles über den Glitzerseewald erfahrt ihr hier:

https://www.glitzerseewald.de

Auf Wunsch erhaltet Ihr Euer Buch auch signiert.

Viel Spaß beim Lesen!